Sonnenfäden
&
Mangoeis

Bibliografische Information der Deutschen Nationalbibliothek:
Die Deutsche Nationalbibliothek verzeichnet diese Publikation in der Deutschen Nationalbibliografie; detaillierte bibliografische Daten sind im Internet über http://dnb.d-nb.de abrufbar.

Impressum

Copyright © 2018

herausgegeben von

Sternen Blick

www.sternenblick.org
kontakt@sternenblick.org

Herausgeberin: Stephanie Mattner

Cover: © Armgard Roehl
armgard-roehl-grafik-malerei.jimdo.com

Buchsatz und -layout: Stephanie Mattner

Herstellung und Verlag:
BoD - Books on Demand, Norderstedt

ISBN: 978-3-7528-4146-6

In Sommeraugenblicken

• Heidi Maria Pongratz •

Leben überall

Das Lachen des Sommers
findet sich auf allen Plätzen.
Eisiger Genuss schmilzt
in knusprigen Waffeln.
Hand in Hand spaziert
die Leichtigkeit dieser Tage
mit verliebten Blicken
durch die Straßen.
Kinder glucksen mit
leuchtenden Augen in
kurzen Hosen und Kleidern
am sandigen Ufer des Sees,
um sich noch der letzten
hüllenden Zwänge
zu entledigen und
einzutauchen in
schäumende Lebenslust.
Lebendigkeit unter
den wärmenden
Strahlen der Freude.
Sonne satt.

· Wolfgang Rödig ·

$\mathcal{S}$onnenanbetung
im Stadtpark steigen Stimmung
und Lichtschutzfaktor

· Ingrid Herta Drewing ·

Mittagspause am Rhein

Der Sonne Strahlen tanzen auf den Wellen,
jetzt da der Rhein im Licht des Mittags glänzt.
Du sitzt am Ufer, magst dir Wein bestellen,
den man zum Mahle freundlich dir kredenzt.

Hier darf der Sommer seine Lieder singen,
ein frischer Wind das heiße Mütchen kühlt,
flussauf, flussabwärts weiße Schiffe bringen
Touristenscharen, Rheinromantik blüht.

Du weilst beschaulich, siehst die Schiffe fahren,
ein wenig Fernweh mischt sich in den Blick;
die Wellen plätschern in den Tag, den klaren,
doch Pflichten rufen dich abrupt zurück.

• Helena Maria Beuchert •

Endlose Tage

durchs offene Fenster
segeln Löwenzähnchen
verschwenden sich auf Möbelstaub
Mohnkapseln platzen
schwarze Samenfülle
quillt absichtslos ins Licht
so endlos lange Tage
und doch zu kurz
für alles Lockende
das mir der Sommer ruft

· Heike Jacobsen ·

Wiesenfest

Bienen rüsseln tief
im Kelch gelber Sektflöten
Löwenzahnnektar

· Julia Elflein ·

Leben

Geküsst von den süßen Lippen des Sommers blüht mein Gemüt. Die Wärme umhüllt meinen ausgezehrten Leib. Der Duft der Erdbeeren durchströmt meine Nase und weckt Erinnerungen. Es ist die Zeit um Wunden zu lecken. Kraft zu tanken und Energie aufzusaugen. Die Leichtigkeit, die mich im Sommer umgibt, lässt mich empor fliegen. Ich fühle alles und bereue nichts. Das kühle Nass vom See schlängelt sich um meinen glühenden Körper. Alles ist pulsierend und lebt. Das ist Sommer. Ein Gefühl nicht nur ein Titel.

Versuchung

Komm!
Wir bauen dem Sommer ein Haus
auf Sand
füllen die Leerzeichen
mit Dummheiten
stehlen die Zeit von den Segeln
verlieren das Maß
verwischen die Spuren
im Unsichtbaren
wollen wir sichtbar werden
im Sand
in einem Sommerhaus
maßlos

Versteckt

über dem Tale,
in dem Apfelbäume schmal und
gedrängt wie die Rebstöcke stehn,
der Wein sich die Zeit nimmt,
nicht mit der Mode zu gehen

den Mühlenweg herab,
sieben sind's und bald 200 Jahre,
die Erdpyramiden gegenüber,
die schaun nicht auf, weil ich hier sitze,
der Wein in meinem Glas,
ich und mein Gedanke,
wir werden nie so alt wie sie

und doch bin ich hier
an meinem Seitenwege der Zeit,
ich trinke meinen Wein,
seh' mir selbst beim Zusehn zu
und denk' noch kaum an die,
die ihn unter Mühen nach hier oben gebracht

dazu Bergkäse, Wurzen und Speck,
ich lach' mir noch zu,
was ein Klischee,
selbst der Wein fühlt sich heimisch,

er trinkt sich bald allein
und ich, ich trink' mich wohl ein ins Klischee

wär' ich jetzt ein Poet,
ich glaubte, dass Schönheit
in dieser Welt nicht vergeht,
und ich fürchte,
ich glaubte zu spät,
aber hier und jetzt,
da kann ich's ertragen

weil es Tage gibt
wie Träume sind,
die möchten niemals enden,
muss es nicht gleich Liebe sein,
es reicht ein Himmel auf Erden
versteckt hinterm Wein

• Veronika M. Dutz •

Oase der Seele

Garten
Blumen duften
schön und ruhig
Genießt du die Atmosphäre
Himmelsgefühl

Bäume
hoch gewachsen
Blätter und Zweige
rascheln leise im Wind
verwurzelt

• Christian Stielow •

Am Sacrower See

Wind säuselt im Schilf
Füße baumeln im Wasser
Wolken wie Watte

• Samira Schogofa •

Tag am See

An diesem reich durchsonnten Tag
hält mich der See in seinem Bann.
Ich schaue träg, gedankenkarg
die spiegelglatte Fläche an.
Möcht' Steine übers Wasser flitschen!
Sie soll'n den Spiegel ramponieren.
Wenn sie so auf das Wasser titschen,
auf Wasserringen jubilieren,
dann tanzt mein Herz leis jauchzend mit
den Kräuselwellen auf dem See.
Das Glatte, das der Stein durchschnitt,
wirkt fad, wenn ich das Runde seh'.

· Petra Klingl ·

*A*m Pfützenrand
ein Spatz trinkt
aus der Sonne

Sommermorgen

Stürmisch malt der Wind
Federwolken ins Blaue;
bald wird es regnen.

Grünfinkenjunge,
im Schutze der Efeuwand,
betteln um Futter.

Ein kühler Morgen,
doch um den Lavendelbusch
tanzen die Hummeln.

· Michael Pilath ·

Morgentau

Morgentau
Strahlender Aufgang
heißen goldenen Feuerballs
untergehende Nacht verdrängend,
scheint auf tränenreiches Grün,
feucht, neblig dampfend
in glänzendem Morgentau...
...Sommer

Vertrieben die Geister des Dunkels,
glitzernde Diamanten, nass
in schimmernden Gräsern,
spiegeln mein Antlitz,
verschwimmen zu deinem
in glänzendem Morgentau...
...Sommer

Sommerfrüh

Sanft webt der Morgen
Stimmen ins Land
und am Himmel
malen Vögel den Tag
im Kuss der Sonne.

· Volker Friebel ·

Kühler Sommerwind.
Am Feldweg der Weinbergschnecke
tanzende Fühler.

· Ingrid Hassmann ·

Knall-blauer Himmel

Die Wolkenfabrik
hat geschlossen

Zutritt verboten
bei anhaltendem Sonnenschein

der weiße Flaum
ist ausverkauft

zerfließendes Tief-Blau
im Angebot

eine Tüte voll Himmel
kostet dich ein Lächeln.

Große Hitze

Punkte ohne Umrisse
Quälen meine Lider
Der Feuerball
Zerbirst in Fetzen
Orangerote Eruption
Glühfäden ziehen sich
Rostrote Fasern
Energiegeladen
Anschwellend
Ausdehnend
Schleudert
Eine gereizte Masse
In das blanke Hirn
Verkündet Überlegenheit
Schatten wird ausgelacht
Macht
Ein Königreich
Für eine Wolke
Diffuse Töne
Aller Wille zerfließt
Zu viel Wärme
Verbrennend
Öffne das Fächerrad

28

· Heike Jacobsen ·

Glitzerteich

Schatten sucht der Koi
Flossen wie Fächer aus Gold
Seerose schaukelt

· K. Bruell ·

Sommernachmittag

Brennend drückt Sonne auf Gräser und Blüten.
Schlanke Libellen durchzittern die Luft.
Weißgraue Wolken treiben und quellen.
Über der Wiese Hitze und Duft.
Sommernachmittag beim trägen Brüten –
Abendgewitter liegt in der Luft.

• Gerd Romahn •

Mohnblumen

Mohnblumen
teilen den Sommerwind
taumelnde Falter

• Meike Wanner •

Spätsommermittag

Vage schimmern Lichtfinger
greifen nach mir im halbdunkel
das Zimmer in Dämmerung getaucht
wird zu Mittag. In der Luft

ein Flimmern, surrt störend eine
Fliege davon! durch den Spalt
öffnet sich das Fenster der Welt-

übergang vom Tauchen im Dämmer-
licht hin zu gleißender Weise

eines Mittags im späten August.

• Marion Bergmann •

Recuerdos de verano
(Erinnerungen an den Sommer)

Zeit für die hängematte
mein ticket to he moon
die sonne blitzt hinein
ein falter passes me by
Yanni & Samvel Yervinyan
spielen melodien
irgendwo dort
in meinen Taj Mahal
mir ins haar
fällt ein abendrot
glut gelassen
in anderer richtung
die eichhörnchen
keck bis zum wipfel
zählen weder zeit noch schritte
ich liege
zwischen den welten
im immer himmel
wunschlos beglückt

· Friedrich Winzer ·

*S*ommerabend
der Alltag versickert
im Rosenbeet

• J. Vera Maneno •

Sehnsucht eines Sommerabends

Sengende Hitze des Tages lässt sich noch nachspüren in ihrem Flirren, doch der milde sanfte Wind des nahenden Abends durchkämmt die stehende Luft, setzt angestaute, unmöglich erklärte Gedanken wieder in Bewegung.

Mit der geballten Energie des Sommers wirbeln sie auf und ineinander:

Tausend alte und abertausend neue Ideen vom Leben, die überfordern und dennoch plötzlich so greifbar nahe liegen unter diesem weiten in Farben getauchten Dämmerhimmel, dessen treuer Sonne, Mond und Sterne Kraft alles zu vermögen scheint.

Während Menschen sich ziellos verlierend durch die sich senkende Frische des lauen Abends irren, füllt die Welt sich mit Möglichkeiten, die so verschwindend verwehend sind wie ein Hauch von Blütenduft.

Und mitten im Konstrukt von Vorhaben dieser sich überlagernden, verplanten Zeit wird Platz für vielerlei Überlegung.

Ich denke daran, wie Du fragtest, warum man die Wahl des Füreinander so oft ausschlägt beim Streben gegeneinander;

Wie Du philosophiertest über Höhen und Tiefen, Kommen und Gehen, Nehmen und Geben.

Wie Du alles in Zweifel stelltest, warum wir dauernd zerbrechen in der Bemühung uns in Aufgaben zu biegen.

Ich hoffe zutiefst, auch Du hast die Träume nicht vergessen, die wir damals malten wie Kinder vom Himmel:

Heute kann ich endlich wieder an sie glauben, endlich verstehen, was Freude ist und Freiheit meint.

Nun, wo schließlich manche der lauten Stimmen schweigen, die sonst so verwirren, sie verklingen, selbst lauschen, weil nur noch die Sehnsucht nach Glück jeden ruft:
In diesen Momenten, wo die Zeit anhält, folgt alles nur dieser tiefen inneren Regung, während die wärmende Hülle der Dunkelheit die pulsierende Stadt umarmt, wächst neu die Vision eines Miteinander.
Jetzt, wo die letzten bunten Sonnenstrahlen verglühen, lass alles fließen, auch wenn das bedeutet einen Anflug von Wehmut zu durchleben:
Leg' in ihn all die brennenden Wunden, die heilen in den Hoffnungen, die mit uns durch den Sommer fliegen.
So klar ersteht ein Bild der Verbundenheit von Allem im Wunsch, gehalten zu sein, unter den verschwebenden Lichtschimmern am Abendhimmel.
Auf die Gefahr hin, dass der nächste Gewittersturm etwas einzureißen droht, beginnen wir jene Welt zu bauen, in der man Freudentränen weint:

Dennoch, in diesem Augenblick, der einzig ist!

• Anke Breuer •

In den letzten Zügen

Wir sind nicht der Mittelpunkt, Baby,
es gibt nämlich keinen Mittelpunkt,
die Welt hört nicht einfach auf,
sich zu drehen, verstehst du?
Er hält mir seinen Joint hin.
Wir liegen auf der Motorhaube
seines alten Dodges, sie ist noch warm.
Über uns der Abendhimmel.
Der Sommer in seinen letzten Zügen.
Fast kitschig, dieser Himmel. Wer hat sich
das nur ausgedacht, denke ich
und ziehe an dem süßen Tabak.
Ich spüre die Leichtigkeit.
Sie macht sich in mir breit,
ohne Mittelpunkt, dreht sich einfach nur.
Hast recht, seufze ich,
die Welt hört nicht einfach auf
sich zu drehen, alles läuft weiter,
ob mit uns oder ohne uns.
Er legt seinen Arm unter meinen Kopf.
Dieser Himmel, sagt er, ist der Hammer!
Und einen Moment lang fühle ich mich doch
wie der Mittelpunkt dieser Erde,
um den sich alles dreht.
Leicht. Warm. Süß.

• Lykke Cardinal •

Abendgebet für den Sommer

Pfeilschnell durchstechen die Schwalben
die Unzähligen
die Abendruhe
das Dämmerlicht
die astronomische Stille der Stunde
welche schon fast verblasst.
Erschnappen die Reste des Tages
hämmern sie übermütig an die Dächer
zerstoßen die Irrsinne
reinigen die Lüfte
für einen unverbrauchten Blick
für ein erneutes Seufzen
am Morgen danach

• Andreas Kleingrothe •

Heute war Sommer

Heute war Sommer
Und der Rhein hat geglänzt
Neben den Ohren roch es nach Wiese
Und darüber nach Sonne

Von den Kastanienbäumen fielen nur Schatten
Auch ganz hinten, wo einer Gitarre spielte
Und verschwommen schoben sich Schiffe vorbei

Alles war ein Hintergrundgeräusch
Auch das Laute
Es gab dunkelrote Kirschen und hellrote Arme
Und keine Minuten, nur ein paar Kirschkerne an der Seite

Man musste blinzeln, um Flugzeuge zu sehen,
Und man wollte gar nicht weg
Heute war Sommer

· Maren Schönfeld ·

Abendsonne

Abendsonne
sendet farbige Strahlen.
Mücken tanzen.

• Hans - Georg Wigge •

Sommernachtschrecken

Hein liegt im Bett, vom Tagwerk matt,
den Magen voll und rundum satt,
sein Geist will schlafend nun verstummen,
da hört er plötzlich leises Summen.

Mal nah, dann wieder aus der Ferne,
die, die da summt, hat keiner gerne.
Hein weiß: Es ist vorbei mit Ruh´,
steht auf, macht Tür und Fenster zu.

Das Licht an, es beginnt die Suche,
statt Schnarchen hört man sein Gefluche.
Da sitzt das Biest, Hein schleicht sich an,
hat kein Talent zum Jägersmann.

Ein kurzer Schlag, doch viel zu spät,
die Mücke hat es weggeweht.
Hein folgt ihr mit den Augen nach,
ist mittlerweile zornigwach.

Doch ist der Sauger zu behände,
nutzt klug die Tarnung bunter Wände.
Hein gibt nicht auf, doch nach zwei Stunden,
hofft er, die Mücke sei verschwunden.

Legt sich zum Schlaf mit bösem Brummen,
da plötzlich wieder, leises Summen.
Hein zieht die Decke bis zum Kinn,
legt sich, zwecks Falle, seitwärts hin.

Sein Schweiß rinnt bald in kleinen Bächen,
beginnt auch diese List zu schwächen.
Als Köder dient die nackte Wange,
Hein hört den Landeanflug bange ...

Schlägt sich voll Inbrunst ins Gesicht.
Hell leuchtet ihm der Sterne Licht,
die er nach diesem Schlag gesehen,
die Mücke hört er Runden drehen.

Weg mit der Decke Zoll für Zoll,
Hein denkt: „Du Vieh, dann saug dich voll"!
Er fügt sich mit Ergebenheit,
stellt Opferblut besiegt bereit.

Die Souvenirs der Nacht voll Schrecken
sind viele dicke rote Flecken.
Hein ist zerstochen, müde, matt,
doch auch die Mücke ist nun platt.

Voll Blut flog sie im Sonnenschein,
dem Rächer in den Weg hinein.
Durch schnelles Klatschen beider Hände
kam unerwartet noch ihr Ende.

In mancher Stunde seines Lebens
trotzt man dem Schicksal wohl vergebens,
was nachts dient´ Hein als Einschlafbrücke,
gilt morgens, tot, auch für die Mücke.

• Nadja Felscher •

Im ungebürsteten Haar einer zotteligen Spätsommerwiese:
Wenn ein pieksender Halm meinen Nacken kitzelt,
wenn die mild kühlende Luft so still ist, dass man ihr Rauschen hört,
wenn Grillenmusikanten sich die Hinterbeine reiben,
wenn sich die Sänger unter den Vögeln zwischen ihre Flügel kuscheln,
wenn sich der Duft von Feuchtigkeit in meine Nase kräuselt,
wenn ungelenke Fledermäuse durch die Lüfte huschen
und man ihren Flügelschlag hört...

Öffne ich meine Augen –
und der rote Mond rollt geräuschlos übers Feld.

· Barbara Schleth ·

Rosenduft II

Spalierkletterhoch
Rosen üppig gewunden
winken Dornröschen

· Stephanie Mattner ·

Lippenpaarung

Klebrige Lippen
kosen goldenen Nektar
Holunderblüten

• Ingrid Tiedge •

Leben forte

Leben forte
Durch alle Poren

Sengende Sonne
Tiefblauer Himmel
Der Duft blühender Sträucher
Warmer Wind in den Haaren

Mein schmerzendes Knie
Kann nicht aufhören zu laufen

Durch sonnige Wiesen
Im Schatten alter Bäume
Vorbei an dem See
Wo junge Schwäne nach Nahrung tauchen

Schwänzchen in die Höh
Spärlicher grauer Flaum
Liebenswert weit entfernt
Von der weißen Majestät der Eltern

Hoch kreist der Milan
Die Hitze flimmert

Ich taumle vor Glück
Durch die Fülle des Lebens

Aufbruch ins Sehnsuchtsland

· Stephanie Richter ·

Sommerabend

Boote treiben
auf dem gespiegelten Himmel
somewhere over the rainbow
verschmilzt die Melodie des Straßenmusikers
mit der Dämmerung

• K. Bruell •

Grüne Sterne

Ein Leuchten wie von grünen Sternen,
ein Tanz nur für sich selbst gemacht.
Kreisen, blinken, sich entfernen...
Glühwürmchen in der Sommernacht.

• Alexandra Ertl •

Riesenstern

Riesenstern.
Mein Nordsommer;
Sternschnuppen am Winterhimmel.
Die Sternenkarte zeigt mir den Weg.
Arktischer Vollmond, wo ist Jupiter?
Saturn zieht zum Südsommer,
der Südwinter zieht nach Norden.
Perseus, zeig uns den Zenitstand in
der Ekliptikschiefe!
Himmelsdrache des Herakles, die
Astronomie zeigt den Beginn.
Sternschnuppenschwärme am Polartag.
Sommer, deine Wärme.

• Michael Lehmann •

Noldes Norden
(Emil Nolde in Bewunderung)

Verirrt
Wie die Sonne, die den Stamm umfunkelt
Das Brodeln ferner Magistralen – irgendwo verebbt
im Kiefernheer, das in den Horizonten dunkelt

Nur eine einsame Allee, die auf der Suche
nach dem Dorfe sich durch dichterblühte Felder schiebt
Zwischen ihren Bäumen rinnt ein schmaler Tag
Die Schatten völkern. Gelb umgibt

Doch schließlich löst der Tunnel sich in Helle
Und Häuser ducken ziegelrot
Ihre Türen tragen bunte Farben
von Blumengärten blau umloht

Eine Trauerweide wirft sich wirbelnd
über einen rost'gen Karren
Giebelfenster spähen und erzählen
Geheimnisse, die in den Räumen harren

Doch hinaus! – Wie ein Kind lass ich mich treiben
durch neuer Weite sanfte Wellen
Ein Bahndamm schneidet durch die Zeit
Der Sommer schenkt ihm Hände aus Libellen

Und immer weiter führt der Weg
Ein Wind kommt auf, lässt Wolken flieh'n
Eine erste Ahnung fasst das Land
biegt die Gräser, blaut ihr Grün

Bald wogt die Luft. Der Himmel schleift
in grauen Tönen. Und Mittag schillert blass
Zerfallen endet Weidenzaun
Wie Funken splittert erstes Nass...

Ein letzter Pfad in Sand und Felsen:
Dann kocht des Meeres schwarze Masse
in einem wirrem Lichterspiel
Ich verschmelze mit dem Tosen. Vergesse und ertrinke
Ernte Leben. Bin am Ziel

• Magnus Tautz •

Lieper Winkel

Etwas hat sich
ausgebreitet, wie
Knistern, wie Stille,
wie Folien über
Leichtverderblichem,
jedes Wort
ein kratzendes Geräusch.

Schwalbenflüge
wie Wurfgeschosse,
zwei Glocken bellen
wie gestörte Hunde,
aus dem Nichts
rieselt der Lehm
oder lacht im Stroh

und du schaust
noch lange zu,
wie sie das Licht
allmählich hinter
den Horizont tragen.

· Brigitte Weidner ·

*T*uschzeichnungen gleich
Wolken in Azurbläue
Gruß aus der Ferne

• Sabine Fenner •

Traumhaft

Ich traf einen anderen Wind
Das andere Meer
Glättete nicht nur meine Haut
Die Sonne brannte
Es gab keinen Regen

Was auf der Zunge zerging
War fremd
Eine köstliche Völlerei
All die Tage, die wir blieben
Ein guter Tropfen verwöhnte den Schlund

Ich schlenderte durch kleine Gassen
Hielt inne inmitten alter Mauern
Sie sangen und huldigten ihrem Gott
Eine Kerze ließ ich zurück
Für die Menschen, die mit mir sind

Aus der Ebene erhob ich mich
Weit oben wandelte ich auf antiken Pfaden
Nichts ließ ich aus
Mein Herz umarmte meine Seele und sagte:
„Es ist gut!"

dein sommer

ich bin dein sommer, ich summ dir ins ohr,
komm lass dich umschwirren im blättergrün,
verführen vom duft der blütenglocken
zu lockeren blumenkränzen im haar
und tänzen, die wild sind und wunderbar.
ich will dich über die wiesen locken
zum schilf, wo die gelben lilien blühn.
dort flüstern libellen mit wellen im chor.

ich will dich verwirren mit windgesang,
umschmeicheln, weich zeichnen im abendlicht,
dich mitten im see in träume wiegen...
da lass ich dich schweben auf meiner hand.
dein menschengesicht ist mir zugewandt,
und wenn sich die nymphen an dich schmiegen,
gieß ich dir sternenschein ins gesicht,
und du bist der see, und dein haar ist tang...

• Christiane Schwarze •

Der Garten

Der Himmel schenkte Kirschbaum, Schlehe und Holunder weiße Wolkenkleider. Dem Rittersporn versprach er ein Blau, der Rose das Abendrot.
In der Erde wurzelte jeder Halt und alles, was Hunger stillt.
Im Dazwischen schwebte der Atem der Pflanzen. Die Luft erlaubte den Vögeln, sich emporzuschwingen.
Das Wasser – auf immerwährender Wanderschaft, ein Teil von Allem.

Ohne gefragt worden zu sein. Ohne Widerspruchsmöglichkeit.
Ich.
Sollte dankbar sein. Mich einordnen. Nichts anzweifeln.

Die Sonne glühte Risse in die Haut der Erde.

Mein Nein: Vier zerbrechliche Buchstaben.
Das N niedergeschrien und in den Keller gesteckt.
Dem E ein Geschenk versprochen, das es nicht erhielt.
Das I nachts geweckt und Kopfrechnen lassen.
Das zweite N alleinalleinalleinallein gelassen.

Wasser verdunstete, ließ dürres Land zurück.

Auf jede Frage die einzig wahrhaftige Antwort erhalten.
Heimat. In einem Himmel über dem Himmel.
Guter Vater im Himmel, wenn schon nicht auf Erden.
Du sollst. Du musst.
Nichts wissen.
Glauben.

Die Antworten durch Fernrohr und Mikroskop geprüft, bis der Blick ein scharfes Brennglas wurde.
Begonnen, das Gegenteil für möglich zu halten.
Hungrig auf ausgetrockneter Weide.
Nicht auf einem Scheiterhaufen verbrannt, aber bedroht von einer späteren Hölle.

Lau die Luft. Nachmittage sonnten sich. Vögel konzertierten. Bäume träumten grün, lächelten weiße Blüten.

Nach durchwachten Nächten Schlaf gefunden. In Farben eingetaucht. Von Klängen davongetragen. Mit den Vögeln emporgestiegen.
Das Land tief unter mir betrachtet. Höher und höher.
Keine Angst mehr gefühlt. Keine Sehnsucht.
Einen Bussard gesehen, den Mäuse im Flug bei lebendigem Leibe auffraßen und mich nicht gewundert.
Keinen Himmel gefunden, nur einzelne Sterne. Verirrte Leuchtpunkte, Glühwürmchen in der Weite des Alles-egal.

Sturm ließ Herzen unruhig schlagen und sich wünschen, frei zu sein.

Es fiel mir leicht, die Augen zu schließen, um mich davontragen zu lassen.
Das Hier kroch wie ein zäher Klebstoff durch meine Adern.
Lachte über jedes erzwungene Erwachen.
Ein Morgen folgte einem Morgen folgte einem Morgen.
Ein- und ausgeatmet. Unbewegt dagelegen.
Ein Morgen folgte einem Morgen folgte einem Morgen.

Eiskristall, Schneeflocke, Hagelkorn, Nebelschwade, Rinnsal, Regen-

tropfen, Wolke –
Wasser: stetig nur seine Wandlung.

Teil des mechanischen Uhrwerks geworden. Vom kleinen Rädchen zum Zeiger hochgearbeitet. Überzeugt, den Weg zu kennen. Voran, voran. Die Uhr kennt keine Pause.
Jahrein, jahraus präzise und verlässlich im Kreis gelaufen.

Artikulationsübungen vor dem Spiegel. Für eine Sprache, die nicht meine war. Trainiert, Phrasen aneinander zu reihen. Die Schönheit der Worte aus meinem Tag fallengelassen, sie in Bücher eingesperrt.

Luna kreiste voller Sehnsucht.

Die Vergangenheit meiner Hand entglitten und verweht.
Ich, aus der Uhr herausgefallen.

Das Nichts des Windes schien mir der Weg zu sein.
Eine Nachtigall singen gehört. Mich an den Wunsch erinnert. Den einzigen, der je Bedeutung für mich hatte.

Wetterleuchten durchpulste unruhig das Dunkel der Nacht.
Blitze steckten Bäume in Brand. Doch was nicht selbst Feuer war,
leuchtete nur kurz. Hinterließ schwarze Brandflecken.
Ein Basaltfels trotzte. Erinnerte sich an den Vulkan, der ihn ausspie,
bevor er erlosch.
Sehnte sich zurück nach der einstigen Hitze, wollte sich rotglühend
verströmen.
Doch alle Feuerkraft des Himmels vermochte es nicht, die alten Kräfte der Erde aus ihrer Erstarrung zu befreien.

Wenn ich mein Herz herausrisse und jeden Gedanken, wäre ich dann leicht genug?
Sommerbaum ließ Blätter nicht fliegen.
Unerbittlich folgte ein Tag einem Tag einem Tag.
Zeit. Stehengeblieben.

Die Luft so still.

Ein Wort sickerte in meinen Körper. Fremd und doch unerklärlich vertraut.
Dein Klang und mein Gedicht – ein Lied.

Die Erde hütete Ende und Neubeginn. Das Rotkehlchen in ihrem Schoß wandelte sich zur leuchtend gelben Blume.

Der Himmel schenkte Kirschbaum, Schlehe und Holunder weiße Wolkenkleider. Dem Rittersporn versprach er ein Blau, der Rose das Abendrot.
In der Erde wurzelte jeder Halt und alles, was Hunger stillt.
Im Dazwischen schwebte der Atem der Pflanzen. Die Luft erlaubte den Vögeln sich emporzuschwingen.
Das Wasser, auf immerwährender Wanderschaft, ein Teil von Allem.

Du und ich. – Ein Garten der Liebe.

• Marlies Blauth •

Lichtblick

In ihren Augen spiegeln sich Welten.
Nachtbunte Städte, Seen im Sommer,
Morgenlichtgrau und ferne Sterne.

Sie sammelt Farben,
gibt ihnen Namen wie Mittagsrot, feuriges Blau,
poliert sie mit ihrem Lachen
und schenkt sie weiter.

• Cordula Zitzke •

in den farben des sommers

erdbeerbaumfalter schneller flieger
im roten erdbeerbaum baut er sein nest
aus sonnenfädengepsinnst, lässt
an überreichen Früchten berauscht, lauscht verträumt
arbutusfrucht, erdbeeren an sonnigem hügel gourmet fest
mit grünen blättern, weißen blüten und roten früchten
wildfrucht am mittelmeer – farbenprächtiges
kunstwerk der natur
in den farben des sommers schwelgt in süchten
erdbeerbaumfalter schneller flieger

· Regina Berger ·

zwischen Vogelrufen

bunte Blütenblätter
vollgesogen mit Träumen
tanzen auf Steinstufen
Gras und Blumenduft
zwischen Vogelrufen
umarmen Sonnenstrahlen
blaue Holzbank
Buch und Brillenplatz
fangen verzaubert Glück

• Bernd Pol •

wolkenweise

sommer ists
die wolken ziehen lange schleppen
und mein träumen treibt im wind

hab dir ein sehnen beigegeben
ein sachter wunsch der leben trägt
und doch bleibt alles ungebunden
nur frei im frischen wind bewegt

die wolken machen beinah sprünge
und folgen keinem augenschein

dort zerrt das sein
und trennt die lebensteile
von ihren losen wolkensäumen

ich denk an dich
ich wünsch dir glück im tagestun
ich zieh mit dir ein kleines leben

und lass uns durch die wolken treiben
womöglich so zerrissen wie die sind

und dennoch ständig voller leben
und dennoch ohne festes ziel

als wärs ein glück
frei durchzukommen
und wieder wolkenweise
von vollen tagen liebend
zerrissen unterwegs zu sein

• Wolfgang Mach •

Gedanken ziehen südwärts

dorthin wo das Licht flimmert
wo berauschte Hitze fiebrig zittert
azurblau den Himmel dekoriert
wo die Luft nach Macchia duftet
aus gebrochenen Steinen
herbe Kräuter wachsen
im dornigem Buschwerk
Zikaden in ihren Gesang einstimmen
die Muße Siesta feiert
und jenseits des Mittags
Pinien mit müden Olivenbäumen streiten
mediterranes Ringen
bei dem
landeinwärts Mandelblüten triumphieren
und flutendes Licht fieberhaft
die Verwerfung bejubelt
tanzt und feiert
ich segle hinab zum Fluss
vergrabe meine Sehnsucht
habe die Hast versteckt
südlich von mir

• Willie Benzen •

Verlassen

Das Schnurren der getigerten Katze
im Haus das nach Kohl riecht
war der Abschiedsgruß am Morgen

Ein Weg in eine andere Stadt
genommen in der Morgendämmerung
beim ersten Strahl der grellen Sonne

Der entgegen, dem warmen Süden näher
mit Hoffnung im Herzen
Aufbruch vom Gewohnten

· Arno Gobbetto ·

On the Road

Der Sommer brannte seine Hitze
ins Straßenpflaster
während wir auf der Straße
so vieler Erinnerungen
nach Süden fuhren.

Ockerfarbene Staubfahnen
verwirbelten im flirrenden Licht
die Landschaft atmete längst
vergangene Texte einer Beatriz de Dia
und anderer untergegangener Seelen.

Endlose Lavendelfelder zogen an uns vorbei
als wir im Morgengrauen
Aix
in der Provence erreichten.

Castor und Pollux
verstöpselten sich die Ohren
als der Lautsprecher mit „Hurricane"
von Bob Dylan fast explodierte.

Das Ende der Reise
hatte seinen Anfang genommen.

Der neue Koffer

Ich habe einen neuen Koffer,
der wurde mir erst jüngst geschenkt.
Der neue hier, er scheint noch schroffer,
sprich innerlich noch mehr beengt.

Ich hatte viele Reibereien,
schon mit dem alten Exemplar.
Zu wenig Platz um einzureihen,
was tief im Schrank so alles da.

Nun bestplatziert liegt die komplette
Palette Kleidung aus dem Schrank;
exakt verteilt auf meinem Bette.
Der Koffer bleibt bis dato blank.

Mir dünkt fast so als wär's nicht möglich.
Das ganze Zeug soll nun da rein.
Ein jedes Kleidungsstück scheint nötig,
denk ich. Der Koffer, er meint: »Nein.«

Jetzt stehe ich seit eins, zwei Stunden
vor diesem Koffer grübelnd da.
Zum Starten noch nicht überwunden,
nehm ich erneut die Stimme wahr:

»Ich platze noch aus allen Nähten,
verschließt du mich mit all dem Kram.

Ich kann nur hoffen, kann nur beten,
du hast die Einsicht und Erbarm'.

Du wirst das wahrlich niemals schaffen.
So hör auf meine Worte, Freak.
Im Terminal wird jeder gaffen,
wenn ich dort auseinanderflieg.«

»Ich lass mich erstens nicht beschimpfen
und zweitens sind wir nicht per du.
Es wird auch niemand etwas rümpfen.
Ich pack es an, lass dein Getu'.«

Im Sausewind leg ich nun alles
ganz akkurat in ihn hinein.
Und falls der fälschlich Fall des Falles
dann doch eintritt, soll's wohl so sein.

Noch bin ich eifrig, bienenfleißig
und packe wie ein Packer packt.
Pack alles eilig ein, was heilig -
Pack Stück für Stück; ein wahrer Akt.

Ich kämpfe, schwitze, kratze, beiße,
wie ein Alpaka spucke ich.
Gar packend wie ich da so kreise
laut fluchend: »Pack, ich hasse dich!«

Mein letztes Hemd hab ich gegeben.
Des Koffers Klappe scheint gestopft.

Denn nur ich selbst bestimm mein Leben –
Noch dreimal schnell auf Holz geklopft.

Ich setz mich auf erdrückend Weise
auf des befüllten Koffers Haupt.
Der erste Schritt zur großen Reise.
Ich hätt fast selbst nicht dran geglaubt.

Ich höre den Verschluss noch klacken.
Es bleibt danach mucksmäuschenstill.
Man kann halt wahrlich alles packen,
solange man's nur wirklich will.

• Eva Maria Mfutso-Bengo •

Am Flughafen

Der Pass an der Brust sicher.
Das Bündel am Boden leicht
Die Menge unbesehen

Lachen pocht
Das Herz schwappt über.

Umarme den Moment
Lass Freude fließen.

• Marcus Blunck •

Gelb gebranntes Gras.
Die Luft tanzt am Horizont
auf Feld und Asphalt.
Fahrerwechsel: Der Schweiß bleibt.
„Road Movie", sagt sie vor Soest.

· Petra Fuhrmann ·

Asphaltglut

Asphaltglut –
am Rande der Stadt tanzen
die Wolken Paso Doble

· Magnus Tautz ·

Mittag in Zalavár
(Ungarn)

Destillierte Stille
aus verbrannter Luft.

Zeit und Lehm,
zu keiner Form bereit.

Die Straße beugt
sich sanft dem Vogelpaar,

hier war noch niemand,
heute.

Hinter Hibiskuslinien
schwatzende Hitze im Hof.

Attila geht mit seinem Hund,
groß wie ein Pferd.

• Carsten Stephan •

Seebad

In weißen Villen lauern die Touristen,
Der blasse Himmel plätschert in die See.
Ein nacktes Mädchen stürzt sich in die Fluten.
Ein grauer Star verschluckt sich am Kaffee.

Ein schiefer Strandkorb sehnt sich nach dem Winter.
Zwei Schirme hüpfen über grünen Tang.
Ein Hündchen zaubert eine schöne Strandburg.
Ein Kiefernkollektiv flieht nach Pjöngjang.

· Hildegard Dohrendorf ·

*F*ahrradtour
neben mir
Hauke und das Meer

• Peter Manosch •

Impuls am Sommertag

Das Licht ist längst satt.
Zickzacklinien in den Sand gestreichelt.
Fröhlich gerundete Brüste nebeneinander gereiht.
Geruch von Vorstadtreihenhäusern.
Die Strandpromenade voller Jahrmarktsbuden.
Geschossen wird auf schwarze
Plastikpferde, die
auf Metallklemmen
vorüberziehen.
Heißblau reizt uns der Himmel –
Blick ins Wolkenlose gestochen.
Geschmack von Wein.
Wogen zerwühlen das Ufer.
Der Schritt ins Unergründliche
ist keine Meile weit.

• Christian Aeberhard •

Sommeridyll

Früh wach gekitzelt von der Sonne
Noch glänzt ein wenig Morgentau
Schallt Vater mit sonorer Wonne: Auf geht's!
Und hoch schreckt seine Ehefrau

Nun flugs die Badesachen eingesammelt
Die Kühlbox gefüllt mit Speis und Bier
Das Paddelboot aber ist vergammelt
Es hat ein Loch, drum bleibt es hier

Rein in den Wagen und auf die Straßen
Gern etwas flott, ganz Sturm und Dränger
Nochmals zurück gezwungenermaßen
Vergessen ward der Mückenfänger

Endlich am See vollauf Behagen
Getümmel stärkt den Herdentrieb
Allein die Mutter befällt ein Zagen
Beim Damentoilettenhochbetrieb

Klein Gerd, das vife Schleckermaul
Gelüstet's nach 'nem Eis am Stiel
Es hebt an ein Mordsgejaul
Das dritte Eis ist dann zu viel

Schwesterchen Lene tappt ins Nass
Kopf voran wär sie getaucht
Doch allzu kühn geht sie fürbass:
Die Scherbe im Fuß hätt's nicht gebraucht

Der Vater wacker sich geriert
Beim Dosenbier bis hin zum Schlummer
er erwacht wohltemperiert
und ähnelt 'nem gekochten Hummer

Schließlich geht's zurück nach Hause
Im sonnenglutverwöhnten Wagen
Der Stau ermöglicht manche Pause
Es knurren Papa und der Magen

Der Tag tat doch recht leidlich taugen
Räsoniert Vater ganz versonnen
Verwegen blitzt's ihm aus den Augen:
Der Sommer hat ja erst begonnen!

• Janka Schröder-Lindloff •

Kindesglück

Mein Sohn strahlt mich an
Die dicken Beinchen paniert
mit Brombeereissand

· Steffen Behnke ·

Meeresabend

Sonne
Trinkt
Das Meer

Saugt
Die Farben
Aus dem Tag

Leichter Wind
Schleift
Sandgeborene
Kinderträume

Und Wellen
Atmen
Letzte
Spuren
Hinweg

zurück

auf den staubigen Hosenboden
der donauschwäbischen Autobahn
mit Paradeisern und Aprikosen
vom Familienbahnhof

die Feldbetten abgeräumt
das Gleisbett leer

die Banater Hitze
im langen Gang gefangen
und die Aprikosen auf dem
Rücksitz bereits Schnaps

Der Blick

Der Blick
schlängelt sich
durch das Gewimmel
von Gästen und Lärm,
durch Gesprächsfetzen,
Rufen und Gestikulieren.
Der Blick trifft mich,
bleibt haften,
verunsichert mich.
Deine funkelnd blauen Augen
spannen Sonnenfäden
von Auge zu Auge,
Mund zu Mund,
Herz zu Herz.
Dein Lächeln –
gerichtet auf mich.
Mein Mangoeis schmilzt.

• Ira Karoline Bräuer •

Gedankengespinst
Staub zaubert Sonnenfäden
Mittagszeit im Heu

· Bastian Kienitz ·

Hitzesignaturen

die Signaturen auf deinem
Körper

schmecken nach Sommer
zwischen den unzähligen
Malen

rötlich wie das Kirscheis
auf meiner wunden Zunge

die das Wort sucht und es
von den Lippen liest

• Cornelia Schäfer •

Rostrote Sonnen

Längen- und Breitengrade
deines Leibes umsegeln,
an den Küsten deiner Kontinente
in Sandbergen mich aalen.

Dem Wind deiner Ängste trotzen
und sich der Gischt machtvoll ergeben.
Im feuchten Moos unserer Wälder
zwischen Elfen und Wichteln
dich wiegen und weben.

Fliegen über die Himmel,
umspannen die Schwingen
deiner rostroten Sonnen.
Die Archen deiner Nächte
funkelnd bevölkern, bewohnen.
Ebnen die Erde zu unseren Füßen.

Vergehen und Ankommen.
In dir. In mir.

• Anke Wogersien •

Sommerglück

Für eine kurze Seligkeit
haben wir die tickende Zeit abgehängt
goldgelbe Fröhlichkeit gelöffelt
brechendes Grün eingeatmet
im Herzen barfuß
den Standort gewechselt.
Bis das schlagende Rotorblatt
uns die Hitze von der Haut fegt
und das Wahre knickt,
wird vielleicht alles viel leichter.

Freibaden

Sonnenschatten unter Schirmen verbogen, Kontinente auf halbnackter Haut. Vom Zeh zur Stirn sprossige Spuren, Mosaike in Terrakotta, Marienkäfertanz.

Aus Grasharfen bricht ein einziger Ton: Kinderlachen und Transistorradio. Hitze rauscht hinter geschlossenen Lidern, zerfällt zu kaleidoskopischen Welten. Laue Limonade, Bratwurstwind.

Narkotisiert hänge ich in den Halmen. Süßer Schweiß läuft über Waden. Alsterwasser, Mückenkuss. Du musst mich lieben, flüstert die Luftmatratze aus einem Loch dem Badetuch zu.

Pommes-rot-weiß. Nur ein Taschenbuch lauscht, ausgelesen, zerknittert. Seite für Seite tauchen Silberfische. Das *Du musst mich lieben* steigt in die sinkenden Mittage.

Ein Drachen aus Segeltuch kreist mit Zitronenfaltern über dem See, legt sich schlafend auf eine Welle, hinaustreiben zum Kieselsand, Nichtschwimmerzone.

Die verlorene Schaufel, ein Schwimmflügel zerplatzt orange, Wassereistropfen schwimmen in Bauchnabeln, ein Wespenstich bleibt kleben, Geschrei.

Der gestreifte Strohhalm ist geknickt, Dosenbier friert unter dem Steg, ausgebeulte Bikinis werden gehisst.

Ich schwitze Glasperlen, Sonnenmilch gerinnt zwischen meinen verbrannten Schenkeln. Sekunden, Minuten zerfließen wie Uhren auf Leinwand.

Du musst mich lieben, schreie ich in den Himmel. Er tränt Gewitterfliegen. Gänsehaut. Die Wolken zerbersten. Du musst mich gehen lassen, regnet der Sommer.

Gitarren verbrennen im Lagerfeuer.

Von Sommerenden

Drama Pur

Ganz schön dramatisch –
die Abendsonne,
wenn sie
den Horizont einfärbt.

Sie begnügt sich nicht mit Silber,
nein – sie wählt pures Gold,
bevor sie – Drama pur!
den hinteren Rand des Meeres
und den Tag verlässt,
königlich gekleidet
in Rot und Gold.

Hab' ich dir,
lichterfüllter Tag,
schon meinen Dank gesagt
für alles,
was du mir geschenkt hast,
seit meine nackten Füße
den muschelscharfen Sand
berührten?

• Victoria Pavot •

Fest . Halten

Sonnenfäden, schwach, vergänglich
lösen sich in Regenwolken,
vor der Eisdiele steht Herbst,
er zieht mit bunten Blätterfingern
den Geruch von Mangoeis
aus der Luft dazwischen.

Ich schmecke die Erinnerung.
Liebend halte ich die Fäden
in Gedanken fest

• Stephanie Richter •

Souvenirs

Wir versuchen sie festzuhalten,
diese sonnendurchtränkten Tage,
mit ihrem Duft nach Unbeschwertheit,
den Geschmack von Eiscreme noch auf der Zunge.

Doch sie rinnen wie Meerwasser
durch unsere Finger
und der Morgen trägt bereits
die Ahnung des Herbstes in sich.
Wo ist sie hin?
Die Euphorie der ersten Sommertage?

So viele Träume gestrandet in Ohnmacht.
Uns bleibt nichts
als sie aufzusammeln und ins Regal zu stellen,
wie hübsche Souvenirs.
In Erwartung des nächsten Sommers.

· Tanja Sawall ·

Ein Nachruf mit Aussicht auf Vorfreude

Wir wollen ihm heut' Gedenken:
Dem Sommer, wie er gestern war.
Wir zahlen lächelnd, gern in bar
Locken freudig mit Geschenken.

Doch so sehr wir uns verrenken,
Man sieht ihn erst im nächsten Jahr
Inmitten lauter Kinderschar
Bei eisgekühlten Getränken.

Vom Regen regenerieren,
Vergessen ist jeder Verdruss,
Wobei ich jedoch lachen muss,

Denn das ist wahrlich kein Genuss:
Stets die Beine zu rasieren,
Nur, um dann wieder zu frieren

• Anne Magdalena Wejwer •

sommerflocken

ich bin am aufräumen

leise rieselt der sand
aus meinen schuhen
zwischen käsefüßen
riecht es nach meer

es knirscht unter meinen
stiefeln als ich die reste
des sommers in den keller trage
und einige flocken strand
auf den treppen verstreue

absichtlich

• Robin Uphoff •

Großtafelbauweise

Ein Morgen schiebt sich aus den Nebellaken:
aufblende mit Treppenstufen in grau
und Schattenkanten, dünn wie Uhrzeiger.
Träge steigt die Sonne in lungernde Wolken,
hier bilden die Wochen kein Netz,
gleich Baldachinspinnen im Spätsommer
ziehen sie an lose Fäden geheftet vorüber.
Die massiven Rechtecke eigneten sich als Leinwand,
die Kacheln: Reflexionsflächen privater Filme
über die man nicht redet und dazwischen
gleiten Baldachinspinnen über flimmernden
Teer, legen sich auf Gesicht oder Haare
oder verfangen sich in einem Strauch.

• Tobias Grimbacher •

Später

Park bei Nacht
niemand da
die Bäume schlafen
und der Besoffene auf der Bank

träumt von seiner Alten
Flasche Lambrusco
den Liebesschwüren
zu besseren Zeiten

Sommerzeiten im Park
durch alle Baumstämme
pulsiert Lebenssaft

nur einer trägt
noch die Narben
berauschter Schwüre

• Julia Eiternik •

Sommernacht

Ich fühle die Hitze in mir.
Wir waren dort – wir beide,
Du neben mir.

Ich schmecke das Eis noch lange,
Das wir aßen – wir beide,
dein Kuss auf der Wange.

Ich sehe den Himmel so klar und deine Augen
Wir saßen draußen – wir beide,
während du begannst mir die Sinne zu rauben.

Ich werde genüsslich an diesen Sommer zurück denken
den wir erlebten – wir beide
und diese eine Nacht, die wir uns schenkten.

• Elke Roob •

Altweibersommer

fette regentropfen
in meinen gesichtsfalten
und deinem grauen haar
zu kühl der wind
die kleider nass und schwer

leichtfüßig gehen wir
gemeinsam in eine richtung
unsere finger morsen „bleib"
in des anderen hand
spätsommer – zu spät für uns?

• Christiane Schwarze •

Spätsommerheiß und schmetterlingsbunt

Dieser Tag würde kommen.
Sperlinge spielten im Gezweig.
Wir wussten es.
Baumwurzeln suchten vergeblich nach Wasser.
Jedoch nicht, dass es so bald wäre.

Jahr um Jahr vergeht. – Septemberherzen heilen nie.
Der Himmel aber weint nicht, sondern leuchtet.

• Christa Issinger •

wetterbericht

windboen geankert
die tage kümmern sich
um alltäglichkeit
im kalender steht sommer

aus heiterem himmel
bricht ein herz
und gras wächst über die geschichten
mich friert in solchen versen

wir jagen stunden
und weben daraus wochen
als gäbe es nur diese eine zeit

für dich

• Marina Büttner •

vom himmel hoch

lochmuster weit droben
fadengehefteter regen stürzt
aufs papier weil ein fenster
nicht verschlossen blieb

fiel himmel herein

tropfnasse streifen stricheln
übers blatt bis buchstaben sich ver~
laufen ein ornament ein blütenkelch
fiel herab & draußen herrscht

verflixte intimität zwischen
lindenbaum & luft im wind zwischen
den zweigen rankt ein absatzschuh
bodenlos – vergangene schritte

vom himmel her

kommt pappelschnee oder hagel oder linden
duft während blitze die pupillen reizen
tobt donner an der herzwand
bohrt sich in die letzten zeilen

*H*ier holen dich die Zeichen ein: Krähen-
übersäte Felder, mit einem Schnippen in die Luft
stiebendes Schwarz, schnabelscheu und gefiedert
glänzt der Himmel. In weiter Entfernung

drehen die Windräder ihre weißen Flügel, träumen
im Negativ. Du fertigst in Gedanken einen Abzug
dieser Landschaft, reproduzierst sie später
ins Leere, ein vertrauter, sich wiederholender Vorgang

von Vergessen. *Wie löst du diesen Namen*
aus deinem Mund? Wäre dieser Tag ein Märchen, stünd'
dort eine Mühle am Horizont und zum Abend
kehrte der Schwarm nach Haus.

· Reinhard Dellbrügge ·

*D*räuende Wolken.
Im Buch auf der Gartenbank
blättert der Wind.

• Gert W. Knop •

Der Sommer wie er war

Der Sommer wie er war,
bleibt unvergessen
und zwischen Rosenranken
ruht der Hauch vergang'ner Tage
wie leichter Tau
auf stillem Morgengras

Der Sommer wie er war,
ich ungezwungen,
wir Kinder,
zwischen Häuserecken
und dem nahem Wald,
spielten dort Nachlauf
und Verstecken

Ich seh' den Sommer wie er war,
mit neuen Augen.
Und wieder steh' ich dort,
wo ich einst stand
und sehe uns
im Licht vergang'ner Tage
und laufen noch ein Stückchen
Hand in Hand

· Dagmar Scherf ·

Fränkischer Sommer

Das sind die wunschlosen Tage –

Wenn unter der Julisonne
das Drachentier schläft,
wenn Stein und Erde rissig werden,
fühlbar,
greifbar,
wie eine vertraute Haut.

Wenn die Holunderbüsche,
die winters so trostlos starrten,
als käme kein Sommer mehr,
wenn die Holunderbüsche
ihr strotzendes Grün
über bröckelnde Mauern hinweg
still in die Sonne halten.

Manchmal öffnet sich dann
leise knarrend
das schiefe Hoftor vergessener Sommer.
Ein Kind steht am Zaun,
in der Schürzentasche den starken Geruch
einer Holunderblüte
und Erdkrumen zwischen den Zehen.

Das Drachentier blinzelt ins Licht,
dehnt die rissige Haut
und schläft wieder ein.

Das sind die wunschlosen Tage –

• Wolfgang Rödig •

*S*üße Reifezeit
der frische Erdbeerkuchen
schmeckt noch nach Kindheit

• Manfred Pilz •

Wild sortiert

Wild sortierter Wuchs im Freien
ein Summen liegt mir in den Ohren
Blumen sind's die mich erfreuen
dort, wo der Samen sie geboren

Ich bück mich langsam,
greif ins Gras
ein Käfer nimmt Besitz von meiner Nase
Pflücken? –
Nein! Ich's unterlass
füllt es auch nicht die Vase

Lieber komm ich öfter her
genieß den Duft den bunten
dann stehen sie morgen wieder hier,
wenn's mich hat längst schon
überwunden

Auch unsere Enkel sollen sich erfreuen
mit einem Summen in den Ohren
am wild sortierten Wuchs im Freien
dort, wo der Samen sie geboren

Abendgold
Senkt sich hernieder
Färbt das Laub
Des Waldes ein,

Tränkt vom
Sonnenscheine wieder
Bach und See
Goldfarben ein.

Selbst die Luft
Bewegt sich weise
Leise weht der
Abendhauch

Und des Vogels
Zarte Speise
Mückengleich
Tanzt überm Laub.

• Frank Schmitter •

An der landstraße die ampel
zeigt rot über uns ein
formationsflug der stare himmelspixel
die die geometrie austanzen in
romben trapezen rechtecken segeln
die ampel springt auf grün sie bilden
ein schleppnetz tragen den spätsommer
fort über die kontinente

· Harald Kappel ·

Sommerküche

In der Sommerküche
unter implantiertem Licht
gärt Weihrauch im Wunderkohl
zu einer Kruste
aus entgleisten Ornamenten
Gewürze pochen rhythmisch
während krachende Landschaften
lippenlesend wie warmes Brot
zur dichten Ruhe kommen
die ferne Scherbenhaut bricht
und östliche Signaturen
trollen ihre Hüften
durch verheißende Türen
ins Niemandsland
voller falscher Hoffnungen
am Abend ist das Kraut verkocht
und in der Ferne
die kleine Blume verblüht
die Sommerküche
für immer ins Haus geräumt

• Birgit Burkey •

Entsommert

sterbende Blüten
bette ich meine Liebe
zu diesem Sommer.

Wärme entflieht,
Licht entschwindet,
Tage entsommern sich.

Ich öffne meine Gedanken,
und treibe mit Wolken und Wind
dem Herbst entgegen.

Danksagung

Wir danken allen Dichterinnen und Dichtern für ihre poetische Auseinandersetzung mit der Thematik: Sommer. Wir freuen uns diese besonderen Werke mit SternenBlick veröffentlichen zu dürfen.

Einen besonderen Dank richten wir an die großartige Künstlerin Armgard Roehl, die uns für dieses Buch das Coverbild zur Verfügung gestellt hat.

Natürlich danken wir Euch Lesern, die mit dem Kauf des Buches das lyrische Projekt am Leben erhalten und zugleich unseren karitativen Ansatz unterstützen.

Über das Projekt

SternenBlick ist ein Projekt, das Mitte 2013 von Poesiebegeisterten initiiert wurde. Ziel ist es zeitgenössische Poesie zu fördern, unter anderem durch sorgfältig erstellte Bücher – sowohl inhaltlich, als auch optisch. Daneben ist der Ansatz der Gemeinnützigkeit eine zentrale Position von SternenBlick. Sämtliche Erlöse – auch von diesem Band – fließen daher einer Organisation zu, die die Spenden ihrerseits an bedürftige Kinder verteilt. Alle Veröffentlichungen, aktuelle Ausschreibungen und der Spendenstatus sind der Homepage zu entnehmen:

www.sternenblick.org

Über die Herausgeberin

Die Berliner Lyrikerin studierte Germanistik (Schwerpunkt: Editionswesen) und gibt seit 2013 im SternenBlick-Projekt regelmäßig Bücher heraus. Mit „Wortgeworden" veröffentlichte sie 2017 ihren ersten eigenständigen Gedichtband im Diotima Verlag. Daneben ist sie aktives Mitglied bei der Kreuzberger Literaturerkstatt und bei den "Logbuch-Autoren". Im Raum Berlin ist sie vielfach auf Lesungen anzutreffen.

www.stephanie-mattner.de

Inhaltsverzeichnis

*A*ufbruch ins Sehnsuchtsland 49